Made in the USA
Middletown, DE
17 December 2022

19057278R00057